LES NOUVEAUX CALOTINS,

OPERA COMIQUE.

Représentés pour la premiere fois, le 19 Septembre 1760. & jours suivans.

A PARIS,

Chez CUISSART, Quai de Gêvres, à l'Ange Gardien.

———

M. DCC. LX.

ACTEURS.

LA FOLIE,	Madame Deschamps.
UN SUISSE,	M. Moreau.
UN ROBIN,	
UN FINANCIER,	
UN MEDECIN,	} Personnages muets.
UN ABBÉ,	
UN PERRUQUIER,	
LE PORTIER,	M. Bouret.
LE RUSSE,	M. La Ruette.
LISETTE,	Madame Arnout.
UN MARCHAND D'HABIT,	M. Parent.
LE POETE,	M. Delisle.
LE SAUVAGE,	M. Audinot.
SA FEMME,	Mlle. Villemont.
PANTALON,	M. Dumigneau.
CALOTINS, CALOTINES.	

LES NOUVEAUX CALOTINS.

SCENE PREMIERE

LA FOLIE, UN SUISSE, UN ROBIN, UN FINANCIER, UN MÉDECIN, UN ABBÉ, UN PERRUQUIER.

LA FOLIE.

AIR: Les Rats.

ON rit, on badine,
   Dans ce lieu charmant;
   L'humeur calotine
   En fait l'agrément;
Venez ici, têtes légeres,
On ne vous y grondera pas;
   Nous aimons les rats,
Sur-tout les humeurs singulieres,
   Nous aimons les rats,
Nous en faisons beaucoup de cas.

Achevons donc cette Toilette. Je dois aujourd'hui donner audience à tous ceux qui postulent pour entrer dans l'Ordre des Calotins, je crois que le nombre en sera grand.... Monsieur le Conseiller, quel ruban choisirai-je ?... vous panchez pour le petit jaune..... sçavez-vous que vous êtes un homme d'un goût supérieur !....

(*Le Robin lui met une aigrette.*)

AIR : *L'occasion fait le Larron.*

Que vous savez bien placer une aigrette !
Vous avez l'art d'embellir les attraits ;
Pour achever un galant de toilette,
 Il faut l'envoier au Palais.

Monsieur le Médecin, trouvez-vous mon rouge bien placé ?.... encore une couche.... oui.... (*le Médecin lui met son rouge*).... ah ! vous êtes admirable pour donner du brillant aux yeux.... Mais que vois-je ! (*elle trouve une prétention sur sa table ;*) la jolie prétention.... sûrement c'est un présent de Monsieur Turcaret.

AIR : *Aujourd'hui je ne dois plus feindre.*

En cet heureux tems, la finance
N'est plus triste & farouche en France,
A tout elle a sû se plier,
Elle est badine, elle est coquette,
Pour une Belle, un Financier
Devient un meuble de toilette.

(*Elle apperçoit un Abbé avec un gros bouquet.*)
Ah ! le joli bouquet ! voilà qui est tout-à-fait

galant.... vous êtes adorable!.... mais....
comment... (*l'Abbé lui attache le bouquet*)... il
est au parfait.... Ah! il n'y a qu'un homme de
votre état pour bien placer un bouquet.

LE SUISSE.
(*Lui présentant une Brochure.*)

AIR: *Quand je suis dans mon corps de garde.*

Ponchour Montame la Folle,
Vous permettir-t'il un moment
Que de s'ti prochure cholie,
Moi li faire a fous un présent.

LA FOLIE.
C'est un ouvrage de votre composition.

LE SUISSE.
Oui, Montanie, pour le serfice d'fous.

LA FOLIE.
Vous êtes, sans doute, un Auteur gracieux & agréable.

LE SUISSE.
Moi l'y être Chournaliste.

AIR: *Musette de Callirhoé.*

Bon Marchand
Tetans mon lifre,
Moi je lifre,
De tout bravement;
Mon boutique
Fournir amplement,
L'Historique,
Ou bien la Roman.

A iij

La Lyrique;
La Tragique;
La Comique;
Fous trouvir de tout égaliment.
Comme un l'Anche,
Moi l'arranche
Chentiment.

LA FOLIE.

Vous êtes Journaliste. J'en suis charmée. Parmi les Auteurs, les Journalistes sont ceux que je protége le plus : aussi ai-je bien mis leur ouvrage à la mode. C'est sitôt fait un Journaliste !

LE SUISSE.

Moi l'y affre fait tout exprès le voyage d'Allemagne, & l'y être venu à Paris pour l'y apprendre à la François comment l'y doive parler son langue.

LA FOLIE.

C'est un excellent métier que celui de Journaliste.

LE SUISSE.

AIR : *Amis, sans regretter Paris.*

De la Chournaliste, mon fol,
Moi savoir l'exercice ;
Toi payir bien, moi louer toi ;
Point t'argent, point te Suisse.

LA FOLIE *au Perruquier.*

M. Thomas, voici une boucle qui ne va pas bien. M. le Journaliste, sçavez-vous que c'est un illustre que mon Perruquier. Il a déjà fait une Tragédie, & il nous en donnera une autre dès qu'il arrivera quelque convulsion à la terre... vous me l'avez promise... songez-y : des talens comme les vôtres ne doivent pas se reposer.

LE SUISSE.

Montsir, moi parlir te sous tans ma Chournal.

LA FOLIE.

AIR : *Reveillez-vous belle endormie.*

Ne l'oubliez pas je vous prie,
Car Monsieur Thomas vise au grand ;
Quand il fait une Tragédie,
La scene est toute en tremblement.

J'ai encore une grace à vous demander. La femme qui me fournit mon chocolat & mes bombons est un bel esprit, à qui je m'intéresse particulièrement. Je veux qu'elle ait place dans votre Journal.

AIR : *Que ne suis-je la fougere.*

Plus doux qu'une amande douce,
Ses vers ne sont que douceur,
Du sucre la pure mousse,
Près d'eux est pleine d'aigreur ;
De cette Sapho peu vaine,
Chaque jour, j'ai pour régal,
De bombons une douzaine,
Dans un joli Madrigal.

A iv

(*A un Domestique.*)

Qu'est-ce... on demande audience.... Messieurs, permettrez-vous... Au reste, vous pouvez tous compter sur la protection que vous méritez. Et vous, M. le Journaliste, je vous fais l'Historien de l'Ordre... Que l'on fasse entrer.

SCENE II.
LA FOLIE, LE PORTIER.

LE PORTIER.

Votre serviteur, Madame la Folie.

LA FOLIE.

Que voulez-vous mon ami ?

LE PORTIER.

AIR : *Ne v'là-t'il pas que j'aime.*

Vous voyez un triste Garçon,
Que l'infortune accable ;
Ils m'ont, hélas ! avec raison
Nommé le Pauvre Diable.

LA FOLIE.
Quoi ! vous êtes ce Pauvre Diable ?

LE PORTIER.
Qui pour mon malheur a fait tant de bruit dans Paris. Je viens vous raconter mes traverses pour mériter votre protection.

LA FOLIE.

Voyons.

LE PORTIER.

D'abord j'eus deſſein de porter les armes. On ne me trouva pas aſſez beau pour m'envoyer tuer. Je me retournai du côté de la Robe. Je crois que j'aurois été un bon Juge.

LA FOLIE.

AIR : *De tous les Capucins du Monde.*

Aujourd'hui rien n'eſt ſi facile,
On eſt un Juge fort habile,
Dès qu'on a dépoſé l'argent ;
Et graces à ſon Sécrétaire,
Un fils achete, encor enfant,
La Place & l'eſprit de ſon pere.

LE PORTIER.

Un jour je caſſai dans le cabinet d'un jeune Conſeiller deux magots de la Chine. On me jugea tout d'une voix indigne de la Magiſtrature. J'étois bien dans l'embarras. Mais un ſoir que je me promenois ſur les boulevards, je rencontrai proche l'égoût un Gazetier Littéraire avec qui je m'aſſociai. Nous compoſions enſemble les Annonces de la Littérature : ouvrage bien néceſſaire ! Gazette babillarde, que nous avions ſoin de faire courir avant toutes les autres. Quelques perſonnes en veulent à mon Maître. Je vous aſſure cependant que c'eſt un bon homme.

AIR : *Monsieur de Cailnat.*

Qui ne pense jamais, qui ne lit jamais rien,
Et qui tire aux trois dez ou le mal ou le bien;
Ecrivant simplement ce que le sort a dit,
Est trop modeste, hélas ! pour avoir de l'esprit.

Cependant un soir que j'avois un de ses habits, je fus assailli d'une fièvre qui me rompit les bras, les épaules & les reins. Cela me dégoûta du métier. Heureusement qu'alors un de mes parens, gros Prieur, mourut d'une indigestion, & me laissa cent mille écus. J'eus aussi-tôt à mes gages, une maison, un carrosse, un Tailleur, un Cuisinier, des amis & une jeune Danseuse.

AIR : *Ton humeur est Catherine.*

A chaque instant plus fou d'elle,
Aussi sot qu'un vieil Amant,
Je donnois à cette Belle,
Bijoux d'or, meubles d'argent;
Elle épuisoit les merveilles
De tout le Palais Marchand;
Et portoit à ses oreilles
Deux lustres de Diamant.

Je lui donnai jusqu'à une pendule de vingt mille frans, des baignoires d'argent, & des harnois dont les boucles étoient de brillant.

LA FOLIE.
Vous en étiez aimé ?

LE PORTIER.

Je le croyois; mais un matin que je lui envoyai cent Louis par un de mes Valets, je m'apperçus que ce drôle-là avoit eu l'esprit de tirer l'intérêt de mon argent. Je voulus faire du bruit & reprendre mes meubles. Le Commissaire vint, on lui dit un mot à l'oreille, on me fit conduire en prison.

LA FOLIE.

Il eut raison. La Justice est faite pour protéger les Orphelines

LE PORTIER.

Sorti de prison, je n'eus rien de plus pressé que d'intenter Procès à un de mes Parens, qui s'étoit emparé du reste de mon bien.

AIR : *De tous les Capucins du Monde.*

De quelqu'argent j'avois affaire,
J'allai vite chez mon Notaire;
Est-il un malheur plus complet?
En vain partout je le demande,
En mon absence il avoit fait
Un petit voyage en Hollande.

LA FOLIE.

Ces voyages-là arrangent bien les affaires d'un homme d'esprit.

LE PORTIER

Voyant que je n'avois de ressource que dans le gain de mon Procès, je vendis le peu qu'il me restoit pour soutenir la bonté de ma Cause.

AIR : *M. le Prevôt des Marchands.*

Au Rapporteur je fis préfent
D'un Cabriolet tout charmant,
Mais il eut de mon adverfaire,
Un Cheval fringuant trop au fait,
Et qui d'une courfe légère,
Emporta le Cabriolet.

LA FOLIE.
C'eſt-à-dire que vous perdîtes votre Procès.
LE PORTIER.
Sans état, fans reſſource, je voudrois avoir une place dans votre Ordre, je vivrois du moins.
LA FOLIE.
Volontiers, je vous reçois pour Portier de l'Hôtel des Calotins.
LE PORTIER.
Grand merci ; je vais prendre poſſeſſion de mon emploi.

SCENE III.
LA FOLIE, LE RUSSE, LE PORTIER.

LE RUSSE *au Portier.*
Range-toi, & laiſſe-moi paſſer.
LE PORTIER.
Voilà un homme qui paroît original.

LE RUSSE.

Bon jour, Madame la Folie. *Au (Portier.)* Eh bien m'as-tu assez considéré. Je parie que ce drôle-là est scandalisé de ce que je l'ai poussé en entrant. Les valets des Dieux sont donc comme ceux des Grands de la terre, assez sots pour s'imaginer devoir jouer un rôle sur le Théatre du monde ; parce qu'ils ont l'avantage de deshabiller un Monseigneur.

LA FOLIE.

Monsieur, peut-on sçavoir qui vous êtes.

LE RUSSE.

Je suis Russe, je me promene, j'aime à m'instruire, j'ai déjà vû bien des choses, je veux en voir encore.

AIR : *De tout tems le badinage.*

J'ai vû la charmante Adille,
Cette Grecque si gentille,
Qu'ornoient mille appas divers,
A quarante ans mourir fille.

LE PORTIER.

On ne voit ça, jamonbille,
Que dans le fond des déserts.

LA FOLIE.

Vous n'espérez pas en voir autant ici.

LE RUSSE.

AIR : *Je ne sçai ce qu'il me veut dire.*

J'ai vû femme toute charmante,
Pour un Epoux de soixante ans,

Au tombeau descendre vivante ;
Et rebuter tous ses Amans.

LE PORTIER.

Pour voir chose si peu commune ;
Avez-vous été dans la lune ?

LE RUSSE.

C'est trop parler de ce que j'ai vû ; apprenez-moi quelque chose à votre tour. On dit que vous faites ici bien des sottises, contez m'en quelques-unes.

LA FOLIE.

(*A part*) cet homme est singulier. (*Haut*) Peut-on, Monsieur, sçavoir votre état.

LE PORTIER.

Monsieur est sans doute homme de Cour. Il est si poli.

LE RUSSE.

Non. J'aime à parler. Au service des Grands il faut être maître de sa langue. Ils n'accoutument ordinairement ceux qui les approchent, à garder le silence sur leurs actions les plus indifférentes, que pour leur apprendre à taire celles qui les feroient rougir.

LA FOLIE.

Vous êtes peut-être Militaire ?

LE RUSSE.

Encore moins. Je ne suis point du tout flatté de voir une centaine d'hommes habillés de bleu, s'amuser à tailler en pièce une centaine habillés de verd.

AIR : *Tout roule aujourd'hui dans le monde.*

C'est une chose bien plaisante,
Que de voir un coup de canon,
D'une dextérité charmante,
Renverser tout un bataillon ;
Ou d'entendre avec complaisance,
Tambours & Trompettes d'accord ;
Conduire toujours en cadance
Trente mille hommes à la mort.

Il y a comme cela tant de choses qui font un honneur infini à la nature humaine ; mais ce sont des sottises de tous les pays : parlons des vôtres.

LA FOLIE.

Au moins dites-nous les raisons qui vous amenent ici ?

LE RUSSE.

Volontiers. J'ai toujours eu du goût pour les Lettres. J'apprends que la Littérature Françoise est en combustion : je reviens ici, croyant que la Folie doit être instruite du sujet de la dispute.

LE PORTIER.

Oh ! vous avez raison. Cette affaire-là se juge à notre Tribunal.

LA FOLIE.

AIR : *Nous jouissons dans nos Hameaux.*

Ici l'on voit plus d'un Auteur
Prendre un ton d'importance,
Et pour trancher du Protecteur,
Mépriser la science ;

N'oser dire qu'à son appui,
Il a dû sa fortune,
Et tout Financier aujourd'hui
La trouver trop commune

LE RUSSE.

Ils ont tort : il faut être bien sot pour rougir de ce qui honore l'Univers.

LA FOLIE.

AIR : *Ingrat Berger qu'est devenu.*

Ici plus d'un homme nouveau,
D'humeur sombre & caustique,
Publiquement leve Bureau,
Pour vendre la critique,
Et sur les Quais, en prose, en vers,
Il médit de tout l'Univers.

LE RUSSE.

Ceux-ci ont encore plus tort que les autres ; le serpent est toujours serpent ; il a beau lever la tête pour tâcher de blesser quelque volatille ; il retombe bien-tôt ; il est toujours rampant & toujours méprisé.

LA FOLIE.

AIR : *Du Cap de bonne Espérance.*

Par fois l'Auteur qu'on censure,
Prend fort mal un trait plaisant,
Et trop sensible à l'injure,
Repart par un coup de dent.

Le Parnasse est en allarmes;
On cabale, on court aux armes;
Et l'on fait voir dans Paris,
La guerre des beaux esprits.

LE RUSSE.

Autre sotise ! quand je passe mon chemin; si un roquet abboye après moi, je n'y prends pas garde; s'il veut me mordre, ma canne me sert à l'écarter. Adieu : je vois que vous faites grand bruit pour peu de chose. Bon soir. *Il sort.*

LA FOLIE *au Portier.*

Suivez un peu cet homme, & qu'on ne le laisse pas sortir sans lui avoir expédié les Provisions d'Examinateur de l'Ordre. *Le Portier sort.* Il faut avoir bonne envie de voyager pour traverser les mers tout exprès, afin de voir des sottises.

SCENE IV.

LA FOLIE, LISETTE.

LA FOLIE.

Quelle est cette jolie personne? Que demandez-vous, Madame?

LISETTE.

Prête à quitter Paris, je viens vous faire mes adieux.

LA FOLIE.

Auriez-vous à vous plaindre de ses Habitans,

B

LISETTE.
Au contraire.

LA FOLIE.

AIR : *Quel plaisir de voir Claudine.*

Pour mettre un cœur à la chaîne,
Il ne vous faut qu'un souris;
Vous deviez, ma belle Héleine,
Avoir nombre de Paris.

LISETTE.
Je n'étois que dans ma quatorziéme année quand je parus dans le monde.

LA FOLIE.
Les grands talens ne peuvent être long-temps ignorés.

LISETTE.

AIR : *Ton relon ton ton.*

Certain Caiflier me croyant inhumaine,
Venoit chez-moi faire le Céladon;
Pendant deux mois insensible à sa peine,
Je répondis constamment sur ce ton,
Ton relon ton ton tontaine la tontaine.
Ton relon ton ton, tontaine la ton ton.

LA FOLIE.
Vous le reçûtes, comme une jeune débutante recevroit un joli garçon dont les terres seroient en décret.

LISETTE.
Il s'adressa à ma Suivante.

AIR : *Y avance.*

La suivante lui répondit,
Mon garçon, tu n'as pas d'esprit ;
Veux-tu voir finir ta souffrance,
Y avance, y avance, y avance.

LA FOLIE.

Serviteur à la résistance.

LISETTE.

Il ne négligea point cet avis là.

LA FOLIE

AIR : *Vous n'en contez toujours.*

Et l'argent ne vous manque pas.

LISETTE.

Voyant que j'aimois les Ducats ,
Il m'en contoit, il m'en contoit toujours ;
Mais un malheur finit le cours,
De ces tendres amours.

LA FOLIE.

Il fit banqueroute.

LISETTE.

Justement ; mais il me laissa pour plus de cent mille francs d'effets. Après lui quelques joueurs s'attachèrent à moi.

LA FOLIE.

Mauvaise pratique.

B ij

LISETTE.

Oh, je vous en réponds.

AIR : *Les Feuillantines*.

La cuisine de Messieurs
Les Joueurs,
Est sujette aux non-valeurs ;
Aujourd'hui bécasse & truite,
Et demain point de marmitte. (*bis*)

Il faut avoir de la politesse pour tout le monde.

AIR : *connoissez-vous Marotte*.

Financier, Militaire,
Petit Colet, Bourgeois, Robin,
Empressés à me plaire.

LA FOLIE.

C'est la femme à Tretin.

LISETTE.

Ils venoient tous chez nous.

LA FOLIE.

C'est la femme à tretous.

LISETTE.

Depuis quelque-temps je me suis donné dans la réforme, j'aime un jeune Musicien dont je suis adorée.

LA FOLIE.
Vous vous laissez séduire par des chansons.

LISETTE.
J'aime.... & je fais vendre exprès tous mes meubles pour me retirer avec lui dans une terre que j'ai achetée.

AIR : *Le Gagne-Petit.*

C'est du Dieu de Cythere,
Le joli minois ;
Il a de plus, ma chere,
La plus belle voix,
Nuit & jour il chante ;
Lison mes amours,
Lison ma charmante,
Aimons nous toujours.

SCENE V.

LA FOLIE, LISETTE, UN MARCHAND D'HABITS.

LE MARCHAND.

Vieux habits, vieux galons.

AIR : *Que chacun de nous se livre.*

Quelqu'un veut-il faire emplette,
De galons ou bien d'habits ;

B iij

Pour masquer une Grisette,
J'ai des robes à tout prix.
Pour cacher l'inconséquence,
Je fournirai des manteaux,
& pour voiler l'Ignorance,
Je vendrai de grands chapeaux.

Mesdames accommodez-vous de cette scrupuleuse, c'est celle d'une Marchande de mode, elle est un peu chifonnée : (*A Lisette.*) Madame, c'est justement vous que je cherche.

LISETTE.

Que voulez-vous ?

LE MARCHAND.

Vous m'avez donné commission de vendre vos meubles, je viens vous en rendre compte ; j'ai vendu vos deux lits jumeaux à une jeune veuve qui vient d'épouser un vieux Magistrat ; la même personne a aussi acheté cette grande armoire dans laquelle un homme pouvoit aisément se cacher... j'ai vendu vos Romans & vos recueils d'Epigrammes à un jeune Avocat, qui veut se former au style du Barreau.... l'ameublement jaune à un Procureur.

AIR : *Je ne sais pas écrire.*

J'ai vendu vos deux chevaux blancs,
Avec vos harnois si brillans,
 A la superbe Hortense ;
Cette Nymphe qui sur les cours,
Chaque jour au gré des amours,
 Prêche la complaisance.

Votre robe à fleurs d'or à la femme d'un Notaire, encore ne la trouvoit-elle pas trop belle ; votre toilette à un Maître des Comptes, & votre chaise de poste à un Caissier qui vient de recevoir deux cens mille francs. Le tout se monte à la somme de vingt-quatre mille livres que j'ai remise, suivant votre ordre, à ce Monsieur de l'Opera, & il m'a chargé de vous rendre ce billet. Vieux habits, vieux galons. *Il sort.*

LISETTE.
Vous allez voir, Madame, combien je suis aimée, elle lit : ma belle reine j'ai reçu votre argent, soyez persuadée que je vous adore ; mais je suis obligé de partir pour l'Angleterre.... Ah ciel ! je veux courir après lui.

LA FOLIE.
N'en faites rien.

LISETTE.

AIR : *Quand le peril est agréable.*

Ah ! si j'écoutois ma colere.

LA FOLIE.
Pour mettre fin à vos chagrins,
De mes fideles Calotins,
Je vous fais Vivandiere.

LISETTE.
Vivandiere ! une femme comme moi.

LA FOLIE.
On n'appelle point de mes Arrêts... allez. (*Lisette sort.*) Une coquette est bien dupe, si elle croit qu'on l'aime sans intérêt.

SCENE VI.

LA FOLIE, LE POETE.

LE POETE.

O Rage ! O défespoir ! O fortune ennemie !
Daignez nous protéger, O Puiſſante Folie !
Nous n'eſperons qu'en vous.

LA FOLIE.

Comment !

LE POETE.

Tout eſt perdu.
Le grand Archifrelon.

LA FOLIE.
Eh bien !

LE POETE.

Il eſt vaincu.

LA FOLIE.
Ciel ! que m'apprenez-vous ?

LE POETE.

Sur la ſcene Françaiſe,
On jouoit aujourd'hui l'orgueilleuſe Ecoſſaiſe.
Archifrelon l'apprend & jure ſon trepas.
Il aſſemble auſſi-tôt ſes Chefs & ſes ſoldats.
» Au Théâtre François, amis, allons combattre ;
» On y prépare un trône, & moi je veux l'abbattre.

» Toussez, sifflez, criez, ne faites qu'une voix ;
Parmi tous les guerriers rassemblés sous ses loix,
On distingue Carton, le médisant Pygmée,
Le hardi Trissotin à la veine enflammée,
L'hypocrite Artifeix, Mistifico l'ardent,
Nangis l'hebdomadaire & le froid Tamerlan.
Nous marchons en bon ordre, & déjà le Parterre
Renferme dans son sein les enfans de la Guerre.
On leve le rideau. Du combat général
Déjà les premiers Chefs ont donné le signal ;
On s'approche, on se joint, on redouble d'audace ;
Chacun du premier rang se dispute la place ;
Et forçant au milieu des bataillons pressés,
Dès qu'il peut les atteindre, il les croit renversés.
Nos ennemis trop fiers, à l'envie, à la rage,
Opposent vainement un tranquille courage,
Par des coups détournés, par des chants captieux,
Nous comptons terrasser ces tyrans orgueilleux.
Nous crions tous victoire, & voulons les surprendre.
Mais au fort du combat, un cri se fait entendre,
Un cri par qui nos chants sont d'abord étouffés :
,, Meurent tous les Frelons. Abeilles, triomphés ! "
Vous eussiez vû soudain la peur & le carnage,
Dans nos rangs éclaircis, se frayer un passage.
Artifeix est confus, Tamerlan est glacé,
Du vent d'un coup de pied Nangis est renversé,
Le hardi Trissotin est resté sans parole,
Mistifico se sauve ; & d'une croquignole
Le fier Carton frappé, roule & tombe à dix pas.
On ne distingue plus les Chefs, ni les Soldats.
On veut fuir ; on revient ; & la foule pressée,

Aux deux bouts du Parterre est vingt fois repoussée;
De ses flots confondus le flux impétueux
Dans la rue a vomi nos Guérriers malheureux,
Pour amuser encor la vile populace.
Berné, moqué, sifflé, raillé de place en place,
Je me sauve en tremblant. Le trouble, la terreur,
Tout ce désordre horrible est encor dans mon cœur.

LA FOLIE.

AIR: *Depuis que j'ai quitté l'enfance.*

Quoiqu'il n'ait point eu la victoire,
J'estime fort Archisselon ;
Il a bien soutenu la gloire
Et tout l'éclat d'un si beau nom.
Son combat a de quoi me plaire :
Vers lui retournez promptement ;
De mon ordre, dès ce momment,
Je l'établis le Sécrétaire.

Et vous continuez à travailler sous lui.
LE POETE.
Victrix causa Diis placuit sed victa Catoni.

SCENE VII.

LA FOLIE, LE SAUVAGE, LA FEMME.

LE SAUVAGE.

AIR : *Du haut en bas*.

Je suis fort bien.

LA FEMME.
Quitte ce bizarre équipage.

LE SAUVAGE.
Je suis fort bien;

LA FEMME.
Nous voilà riches;

LE SAUVAGE.
     Je n'ai rien.

LA FEMME.
Je serai Dame,

LE SAUVAGE.
     Et moi Sauvage

LA FEMME.
Tu sera Comte,

LE SAUVAGE.
     Oh quelle rage!
Je suis fort bien !

LA FEMME.

Quoi! un oncle Financier meurt, me laisse quatre cens mille écus, & j'aurai un mari qui portera un bonnet de plume & des souliers de corde.

LE SAUVAGE.

C'est encore trop. Que n'ai-je vécu quelques milliers d'années plutôt! C'étoit le seul cas où j'eusse voulu être Roi.

AIR : *Réveillez-vous.*

J'aurois pour mieux faire la nique
Au luxe ainsi qu'à ses supôts,
J'aurois comme peste publique
Puni l'inventeur des sabots.

LA FOLIE.

Dequoi s'agit-il entre vous ?

LA FEMME.

AIR : *Nous sommes précepteurs d'amour.*

Je veux l'arracher aux forêts.

LE SAUVAGE.

Aux humains je veux la soustraire.

LA FEMME.

Pour moi tous les humains sont faits ;

LE SAUVAGE.

Ils sont tous faits pour me déplaire.

LA FOLIE.

Expliquez-moi nettement ce dont il s'agit.

LA FEMME.

Mon mari depuis quelque temps a pris un dégoût pour le monde, & il a été se retirer dans une forêt, où, comme vous voyez, il vit en Sauvage ; & j'ai eu bien de la peine à le conduire en cette Ville pour y recueillir une succession.

LA FOLIE.

Que vous ont fait les hommes pour les fuir ainsi.

LE SAUVAGE.

AIR : *Folies d'Espagne.*

Ce qu'ils ont fait ? Vous le sçavez de reste
Et votre avis fut par eux écouté.
Ils ont plus fait que la guerre & la peste
Pour désoler la pauvre humanité.

AIR : *La mort de mon cher Pere.*

Ils ont construit des Villes
Et des Châteaux brillans.
Travaux fort inutiles,
Retraites de Brigands.
Ils ont fait autre chose ;
Ils ont fait, les bourreaux,
Des Vers & de la Prose :
Source de tous nos maux.

LA FOLIE.

Quoi un livre !...

LE SAUVAGE.

Est un grand mal, sur-tout, si le volume est gros.

LA FOLIE.

Cela est un peu sauvage.

SCENE VIII.

LA FOLIE, LE SAUVAGE, LA FEMME, LE CHEVALIER.

LE CHEVALIER.

Bon jour charmante Folie.

LA FOLIE.

Ah ! c'est vous, Chevalier, vous venez bien tard.

LE CHEVALIER.

J'ai été occupé toute la matinée à faire des desseins pour mon Sellier, je viens de lui commander un carosse peint tout en fleurs étrangeres, & des harnois en mosaïque.

LE SAUVAGE.

AIR : *Joconde.*

Par un trop grand luxe affoibli
   L'homme est une poupée
Qui, sans retour, voit aujourd'hui
   Sa force dissipée.
Entre un carosse, entre un sopha
   Tout son tems se partage,
Et de ses pieds bientôt il va
   Méconnoître l'usage.

LE CHEVALIER (à la Folie.)
Quel est cet homme-là ?

LA FOLIE.
C'est le mari de cette jeune Dame, il est fort riche, & s'obstine à vivre en sauvage.

LE CHEVALIER.
Monsieur n'a pas apparamment vû le monde ?

LE SAUVAGE.
Eh qu'y a-t-il à voir ?

AIR : *Tes beaux yeux ma Nicole : La Fille de Village.*

> Des Belles en peinture
> Que l'art seul satisfait,
> Des Docteurs en dorure,
> Des Robins en plumet,
> Des Laïs grandes Dames,
> Des Maris bonne gens,
> Trésoriers de leurs femmes,
> Jamais leurs confidens.

LE CHEVALIER.
Vous paroissez avoir de l'esprit ?

LE SAUVAGE.
J'aimerois mieux n'avoir que de l'instinct, je n'appercevrois pas tant les sottises.

LE CHEVALIER.
Malgré votre air atrabilaire, je suis tenté d'entreprendre votre guérison ; elle me feroit honneur. Vous ne me connoissez pas. Personne n'entend comme moi à former un jeune Seigneur. Avec des airs, des façons, un langage à la mode, vous pouviez faire encore un très-joli homme. Allons,

décidez-vous. En trois coups de pinceau je vais vous tracer les trois états dans lesquels vous pourriez briller. Dans le premier sont les gens de qualité; leur plus sérieuse occupation est d'effrayer les fantassins par la vivacité de leurs chevaux. Les Robins occupent la seconde; le troisiéme Ordre est le chef-d'œuvre, le triomphe de la nature; ce sont des enfans de sa complaisance qu'elle semble avoir pris plaisir à former, minuties gratieuses, bagatelles intéressantes, Etres mitoyens entre l'homme & la femme, ce sont des vrais amours; enfin, un petit colet est à un joli homme, ce qu'est à une femme blanche une mouche bien placée.

LE SAUVAGE.

Que les hommes sont sots! ils attachent de l'honneur à un état, & ils font ce qu'ils peuvent pour les deshonorer.

LE CHEVALIER.

Je veux vous apprendre à mener un cabriolet; il vous faut des manchettes à deux rangs, des boucles d'oreilles, un petit chapeau à ganse, & l'uniforme de votre cocher. Partez, donnez bien le coup de fouet; fendez les airs, & volez à votre petite maison. Ah! le joli séjour!

AIR : *L'Amant frivole & volage.*

Près des portes de la Ville
J'ai ma petite maison,
Où l'agréable à l'utile
Est joint en chaque saison:
Pour y recevoir les Graces
Tous les meubles semblent faits,

Et sur-tout nombre de glaces
Y répètent leurs attraits.

Même Air.

Chere fine & délicate,
Pour faire naître un désir,
Petit jour, le seul qui flate
L'aimable Dieu du plaisir.
Le soir un riant bocage,
Sait nous inviter au frais ;
L'amour, cet enfant volage,
Aime à fuir dans les bosquets.

LE SAUVAGE.

Je mange des racines, je bois de l'eau, je dors sous un chêne.

LE CHEVALIER.

Je veux vous faire perdre cette habitude ; & vous mener au premier jour, avec Madame, dans ma petite maison : vous n'êtes pas jaloux, peut-être ? Ici un mari n'est fait que pour donner un nom à une jolie femme, & c'est un personnage que l'on double aisément. Pour vous, Madame, deux mots vous instruiront de tout ce que vous avez à faire.

LE SAUVAGE.

Rien n'est si facile que d'inspirer de la coquetterie à une femme ; la nature a déjà fait la moitié de l'ouvrage.

LE CHEVALIER.

Pour vous, Monsieur, il faut vous préparer à votre toilette, c'est le moment de votre triomphe.

Trois parfumeurs ont été employés pour cela; figurez-vous que vous êtes vis-à-vis une glace, ne ménagez point les odeurs; faites sortir vos dentelles, arrangez votre bouquet, essayez vos yeux & vos bras; sortez, lorgnez la première femme que vous rencontrerez, faites-lui une mine, entrez en sautillant dans un cercle, saluez de l'épaule, asseyez-vous en chantant, faites voir votre jambe, jouez avec vos bijoux, parlez beaucoup, parlez tout seul. Les femmes se taisent; ne vous étonnez point de cela.

AIR: *Nous sommes Précepteur d'Amour.*

> Dans les cercles les plus brillans,
> Ecouter est le seul partage;
> Et les hommes depuis long-tems
> L'emportent par le babillage.

Vous rêvez, à quoi êtes-vous occupé?

LE SAUVAGE.

A plaindre ceux qui vivent dans les villes, d'être obligés d'avoir sous leurs yeux des espèces qui n'ont ni les vertus des hommes ni les graces des femmes, & qui ne sont connus que par les défauts des deux sexes. (*Il sort.*)

LE CHEVALIER.

Voilà un homme incorrigible, ne le recevez point dans votre ordre.

LA FOLIE.

Je compte cependant le placer dans la compagnie des Misantropes; sa jeune épouse dans celle des jolies veuves; & vous, Chevalier, je vous fais mon maître des cérémonies.

SCENE VIII.

LA FOLIE, PANTALON, LE PORTIER.

LE PORTIER.

JE vous présente le Seigneur Pantalon.

LA FOLIE.

Eh ! que vient-il faire ici ?

PANTALON.

Son deputato della mia Compania.

LA FOLIE.

Mia Compania. Oh, parlez françois, votre Italien est si décrié !

PANTALON.

AIR : *L'occasion fait le Larron.*

Tous nos Acteurs n'ont qu'une seule envie,
C'est d'être Acteurs de votre Régiment.
Je viens ici généreuse Folie,
Vous demander votre agrément.

LA FOLIE.

Voilà les Italiens, ils veulent être par-tout.

LE PORTIER.

AIR : *O riguingué, O lon lan la.*

Madame, on peut les recevoir.

LA FOLIE.
Suffit-il de le vouloir;
Très-volontiers, s'il font voir
Des titres qui font autentiques;
PANTALON.
Nous en avons de Magnifiques.

Primo, Nous avons quitté notre Hôtel & joué sur les Remparts une salle chaude pour l'Eté & fraiche pour l'hyver.

AIR ; *le long de çà, le long de là*.

Tous nos partisans font l'éloge,
De ce déménagement.
Nous prenons un air de Doge,
Nous affichons fièrement,
Le long de çà,
Le long de là,
Le long de la loge,
Par derrière & par devant.

LE PORTIER.
Voilà de bons titres !
LA FOLIE.
Point du tout, puisque les spectateurs fuyent les Italiens pour aller voir les parades des Boulevards ; ils font bien de se conformer au goût régnant pour la place & pour les pièces.

LE PORTIER
AIR ; *Talaleri*.
Vous êtes un peu difficile,

LA FOLIE.
Mais je ne vois point là de rats.
LE PORTIER.
Quoi se loger auprès de Gille.
LA FOLIE.
Pourquoi non?
PANTALON.
Vous ne tiendrez pas.
Contre ce que je vais vous dire.
LA FOLIE.
Tataleri, Tataleri, Tatalerire.
PANTALON.
Nous avons donnés plusieurs Pièces nouvelles, que nous avons annoncées comme supérieures, & pas une n'a réussi. Nous sommes d'excellens Juges!
LA FOLIE.
Cela vous est fort ordinaire;
PANTALON.
Et que dites-vous de Samson? n'avons-nous pas bien pris notre temps pour le remettre.

AIR: *Quand la Mer rouge apparut.*

Nous avons pour plaire aux yeux,
Fait grande dépense;
Croiant qu'on n'aime en ces lieux
Que vaine apparence;
Mais le trait original,
C'est d'imaginer un bal,
Dans la canicule,
Chose ridicule.

LE PORTIER.

Eh bien !

LA FOLIE.

Oh ! je me rends à cela.

AIR : Amis sans regretter.

Je vois, mon ami Pantalon,
Que ta troupe mérite,
A ce brillant échantillon,
D'être ma favorite.

PANTALON.

La ringratio, Signora, la ringratio.

LA FOLIE.

Allons vous serez reçu tout-à-l'heure pour vous & vos confreres.

LE PORTIER.

Il faut remettre à demain les autres réceptions.

LA FOLIE.

AIR : Buvons à nous quatre.

Troupe si charmante
Qui suivez mes Loix,
Accourez tous à ma voix ;
Et que chacun chante
Un si juste choix.

SCENE DERNIERE.

LA FOLIE, PANTALON, CALOTINS.

LA FOLIE.

MEssiores Calotini,
Meo favore si digni,
Dans le grand besoin qu'avetis
De bonis Comedianis,
Vous ne pourez mieux facere
Qu'Italianos prendere.
Volunt cum vobis essere
Pour vous bene divertire,
Tant par drolis Comedilis,
Que par Balis magnificis.
Habilis homo que volei
Pour cet effectu vient ici,
Recevendo istam barbam,
Receveris totam Troupam.
Illum in Theatri, Choris,
Vous podvez interrogare,
Et à fond examinare,
S'il a l'esprit de l'Ordinis.

I. CALOTIN.

Cum Dominæ permissione,
Tres docté Comediané,
Tibi ferai questionem,

A mon avis importantem:
Quando vestræ Pieces novæ
Vous sembleront trop frigidæ;
Pour bien illas rechauffare,
   Quid illis facere?

PANTALON.

Theatrum decorare,
  Postea cantare,
  Ensuita dansare.

CHŒUR.

Bene, bene respondere;
Dignus, dignus est intrare
In Calotino corpore.

II. CALOTIN.

Si Rivales dans leurs Pieces
Avolent bellas novitates,
Bene scriptas & salaces,
Quid pour illis resistere
Trovas à propos facere?

PANTALON.

Theatrum decorare, &c.

CHŒUR.

Bene, bene respondere, &c.

III. CALOTIN.

Mais si malgré vos lépores,
La troupe des Spectatores
S'amusoit aux Saltatores,
Pour chez vous la ramenare,
   Quid alors facere?

PANTALON.
Theatrum decorare, &c.

LHŒUR.
Bene, bene respondere.

LA FOLIE.
Juras gardare Statuta
A la raison contraria,
Comme il convient in ordine nostro.

PANTALON.
Juro.

LA FOLIE.
De non jamais vous servire
D'Auteurs qui soient meliores
Que vos Auteurs ordinares,
Troupa dût-elle crevare,
Aut sortire du Royaumo.

PANTALON.
Juro.

LA FOLIE.
Ego cum istâ Calottâ,
Auriculis decoratâ,
Atque cum istâ Marottâ,
Aux Originaux debitâ,
Tibi tuisque Confreris
In Paradibus versatis,
Plenam puissanciam dono
Decorandi,
Cantandi,

Et,
Tant en Ulla qu'en Boulvardos

AKIS.

Cette Piéce, comme Vaudeville du jour, doit servir de suite aux Facéties Parisiennes.

APPROBATION.

J'Ai lû par ordre de M. le Lieutenant Général de Police, les *Nouveaux Calotins*, & je crois que l'on peut en permettre la représentation, ce 12 Septembre 1760.

Vû l'approbation, permis de représenter & d'imprimer, à la charge d'enregistrement à la Chambre Syndicale, ce 13 Septembre 1760.

DE SARTINE.

Regiſtré ſur le Regiſtre 15.º de la Chambre Royale des Libraires & Imprimeurs de Paris, N.º 185. fol. 192. conformément aux anciens Réglemens confirmés par celui du 28 Février 1723. A Paris le 30 Septembre 1760.

SAUGRAIN, S.

www.ingramcontent.com/pod-product-compliance
Lightning Source LLC
Chambersburg PA
CBHW062012070426
42451CB00008BA/652